Modelaje de un cuerpo

POESÍA|Berenice

JORGE FERNÁNDEZ GONZALO

Modelaje de un cuerpo

XXIII PREMIO DE POESÍA VICENTE NÚÑEZ.
DIPUTACIÓN DE CÓRDOBA

La Diputación Provincial de Córdoba
concedió el xxiii Premio de Poesía Vicente Núñez
a la obra *Modelaje de un cuerpo*. El jurado estuvo
compuesto por Xavier Guillén Amaro, Vicente Luis Mora
Suárez-Varela, Ángeles Mora Fragoso, Aurora Luque Ortiz
y Luis Alberto de Cuenca y Prado, bajo la presidencia del
diputado-delegado de Cultura Gabriel Duque Moreno

© Jorge Fernández Gonzalo, 2024
© Editorial Almuzara, s.l., 2024

Primera edición: octubre de 2024

Berenice • Poesía
Director editorial: Javier Ortega
Maquetación: Daniel Valdivieso Ramos
www.editorialberenice.com

Editorial Almuzara
Parque Logístico de Córdoba. Ctra. Palma del Río, km 4
C/8, Nave L2, n° 3. 14005, Córdoba

Imprenta: PodiPrint
ISBN: 978-84-10356-19-1
Depósito Legal: CO-1629-2024

Impreso en España/*Printed In Spain*

LIBRO I

EL REGRESO

ERA LA VIEJA PUERTA DE LA CASA
a la que no volvías desde entonces;
ese pomo gastado por los años
vencidos, el llamador de plata y níquel
o las bisagras entre telarañas.
La luz de ahora no era diferente
al día en que cruzaste
aquel umbral, su polvo, su peldaño
que subía a la vida o que bajaba
hasta la carretera.
El milagro está aquí, entreverado
en el hierro roído y la madera
combada por el peso de la vida,
en el modo en que todas estas cosas
te escriben o se saltan
capítulos de ti para decirte...

Volver es darse cuenta de que nunca
nos bastará con lo reconocible.

LIBRO II

EL DOLOR DE LA LLUVIA

Siempre que llueve es tarde para algo.
Para escribir la luz o pronunciarte
de nubes o de adormideras,
para decir una hoja caída
cuando se posa leve
sobre el agua.
Siempre que llueve… No debe quedar mucho
para que en los tejados esas pinceladas
de gotas tracen líneas,
contornos a las cosas,
y tiñan las fachadas de una gasa,
de una aureola ya sin tiempo,
una acuarela en grises
que pierda en certidumbre
pero gane en pureza.

Siempre que llueve incluso se diría
que algo llega tarde
a dar conciencia de tu cuerpo y del mío,
de las caricias como saltamontes
con que he recorrido casi palmo a palmo
la encrucijada de tu espalda o el cuello,
la rótula de cebo a las gaviotas,
las venas arboladas,
porque aquí, cuando la lluvia llega tarde
a decirte,
no valen las palabras pero queda
el pincel del agua aconteciéndote,
afirmándote en lluvia
por los hombros y el pelo.

YA CON CUERPO DESNUDO
y el mar con el color de tu mirada
y aun su bravura, cuando el aire
pulsa a ambos y se encrespa y alza
de nube, un oleaje
despeinado, mi cuerpo
en ti, en la renovación, en tu frescura
salina.

Te escribiré los ojos con albatros.
El ombligo en qué temblor de algas.
Y llegará tu ola hasta mis pies de eneldos,
a mi extrañeza.

Y mis labios serán tu acantilado.

Qué de significados
en el albor de tu tobillo
tan curioso como si a cada paso
te asaltaran gorriones,
como si de tu huella
me quedasen tan solo los ramales
que abre tu mirada al descubrirme
este paisaje indemne,
el mediodía no hollado,
la luz no interpretada todavía.

JAMÁS HABRÁ UNA BRISA COMO ESTA,
con el olor apenas invocado
de una tarde que no me pertenece.
¿A qué la luz? ¿A qué viene su gesto,
su calculada vanidad, a qué?
Formo parte de aquello:
de las ramas más altas del castaño,
de la raíz en niebla del bejuco,
del estanque, de aquello que se oxida,
de lo que muere y besa. Y un latido
de la brisa se va con los papeles,
caracolea bajo los periódicos,
un latido se marcha, me abandona,
un latido alcanzará tu cuerpo
y seguirá su ruta con los pájaros.

¿POR QUÉ DEJASTE HUIR AQUEL MOMENTO?
Lo que perdiste entonces
hoy es nombre, palabra,
vuelo para el olvido.
¿Esperas encontrarlo acaso
en el jazmín o la mimosa,
en la música de estas calles,
de los toldos, las sábanas tendidas,
en el primer asalto
de las gotas de lluvia que levantan
el polvo y no la arena,
la desbandada y no el recuerdo?

No volveremos nunca a ser quien éramos.

Y desconfía de la primavera
que no nos trae el mismo
espliego, ni las mismas
luciérnagas;
tan solo estas magnolias del fracaso.

Quizá mi vida fuera solo un río
que no les gana cauce a las orillas
del tiempo. ¿Habré vivido, habrá
merecido la pena
dar la mirada por estos escombros
como composición para un paisaje?
¿Habrá importado un hueso de paloma,
un molusco varado,
unas fotos, la luz, algunos árboles,
el tórax como trampa para ardillas
o el resplandor hermoso
de tus ojos que fueran dos halcones
que al fin hubieran dado con su presa
antes de dar en tierra el hilo de su vida?

Si tú no estás me duele más la lluvia.
Cae como si quisiera
herir con su belleza las tardes de septiembre
y mojar las pisadas que no hicimos
en estas avenidas
próximas al otoño. Lo recuerdo:
yo borraba mi boca contra ti,
tú me escribías esta ausencia
que me acompañaría tras tu marcha.

Un cuerpo no tiene sentido,
a lo sumo pájaros,
a lo sumo una cadencia a brisa joven,
el espejeo de las hojas
del arce, o la manera
con que se te ensortijan los cabellos
de luz. Y sin embargo
mi cuerpo es un albatros de preguntas
para tu cuerpo-nido de respuestas.

Así, bajo esta lluvia
solo quiero tenerte,
equivocarnos juntos tantas veces
como sea posible en estas calles,
y jugar a decir alondra o rododendro,
a llamarnos por nombres que no existen
y escribir los lugares
en donde nada aún ha sucedido.

INTERLUDIO

BOTÁNICA DEL ABANDONO

I

En la rama del fresno aún la nieve
perpetúa su mito de pureza,
su pañuelo de luz, y cómo hace a la tarde
más frágil o inocente
acaso.
        Es en su susurro
de eternidad, su pacto de alegría,
su delgadez no más mía que tu cuerpo
rota en brezales de silencio
que esta rama, tierna
de brotes no nacidos,
que esta nieve espera mi mirada.

II

Homenaje a Claudio Rodríguez

Aquí, bajo este sauce,
el murmullo de hojas suena idéntico
al caer de la lluvia.

Acaso sobran las palabras,
sobran la luz, los cuerpos,

cuando puedo tocar el pulso de las nubes
con solo este latido de la savia,
con el inútil gesto

de mirar estas hojas y varear en ellas
todo el polvo del mundo.

III

¿Fue milagro o espera
aquella tarde, aquella luz, el hierro
en forja de nuestra mirada
por atrapar la piel de este paisaje,
esta presencia sin metáfora?
Es el retablo de la sencillez,
es la alegría, el acontecimiento
del espliego que aguarda calcinándose
como una arquitectura
de pétalos que hubiéramos tocado
indemnes. Y era la nostalgia:
ese sabor amargo entre los labios
del que contempla el pulso de las aguas
y temiera que todo fuese cierto.

IV

Aquella zarza con escaramujos rojos
que apenas pueden elevarse
entre el olor de los celindos
y las matas salvajes de azucenas

no habrá de doler tanto por mirarla
en su insignificante melodía
como por admitir que la belleza
toma a veces la forma
de lo desamparado.

V

¿Dónde suceden estas manos con que
doy certeza a la fibra de la luz,
a la caricia de la madrugada
en su pacto de hallazgo y de ternura,
dónde,
si no es aquí, tan cerca de tu cuerpo
que casi es altar o siempreviva,
sacrificio o espliego?
Tanta luz, tanto abandono, tanto
milagro en el suceso
de tus brazos, en la tracería
de las gotas de lluvia o en las vetas
del granito y del mármol;
tanta luz solo nombra aquel paisaje
que no supiste nunca que perdías.

VI

¿Qué dicen los alerces?
¿Qué canción se derrama por sus hojas,
se abre paso en la savia, en su memoria
ancestral de nudos de madera?

Es la verdad de aquello sucedido
en el milagro victorioso
de lo que no tuvo palabras.

VII

Acaso todos los recuerdos
estén escritos en la piedra o en las hojas.
Alzar la rama del cerezo
y entregársela al paladar del aire,
a la lluvia, trazada en alegría
y luz. No dejes nunca que la vida
duela. Puedes leer en la manzana,
en el abeto y en la brisa
el fulgor del enebro.

Yo estaré allí, en ellos,
en los arbustos o en la brisa.
                                    Toca
las cosas y descúbreme,
recuérdame entre los alhelíes.
Mis manos llegarán a ti
a través de la luz, del polen, del temprano
olor a lirios y en las pubertades
de la rosa, con el acero y con el mimbre,
en la madera, el sílice, los gorriones...

Porque todo es recuerdo. Todo siemprevivas.
Y llegarás y tocarás el agua,
la acidez del pomelo, las cerezas,
este papel de espera y de renuncia
ya cuerpo, estas gaviotas,
esta manera con que abril descubre
tu pelo y lo despeina
para escribir con él estas palabras…

LIBRO III

EL HUECO DEL HALLAZGO

TUS OJOS ERAN UN LARGO VIAJE ENTONCES.
Quizá la luz, hecha enredadera,
bajaba y te colmaba de jirones
de espuma; qué pleamar, qué álamos te dieron
todo el secreto de sus hojas, de
su savia, amor, de su corteza,
amor, pero no mires hacia el hondo
arrecife de pájaros del día,
vuelve y deja que te cubra toda
de azucenas, que te copie en frutas.
Aún es joven la luz y tan delgada
que tu brazo no cabe en un relámpago,
tu mirada en la sombra de un jacinto,
tu pubis, casi un jilguero diminuto,
en la paz del otoño;
ven, que nada enturbie tu mirada:
todo el temblor de ti hacia la vida,
todo recién creado por tu espera.

LA VERDAD ES EL AIRE,
este aire que vuela entre los días
y que se entrometiera en los resquicios
de tus recuerdos o de tu cintura,
de tus dedos, si orquídea,
si de amapola, siempre entre las cosas
para decir tu pelo,
las variaciones de la escarcha,
los juncos inmortales y la lluvia.
¿No dejará a su paso
la invocación remota
del olvido?
Es el aire, el aire que me nombra
el aire creador y su cincel
de pájaros en fuga
con que ganar terreno contra el tiempo.

Cuando creíamos que ya lo habíamos visto
todo, la misma repetida certidumbre,
abril, que es un oficio
peligroso, una forja
de cielos más azules y elevados
pero también más traicioneros
con su puñal de lluvia por la espalda,
abril, entre azaleas
y brezo no aprendido todavía
trae un olor, jardín de la memoria,
una nostalgia no dolorosa y limpia,
un pañuelo de calma…
Abril sin crueldad y sí con desamparo,
hijos de nadie en este mes de abril,
este mes que me trae los recuerdos
de aquellas primaveras de mi infancia
que entonces destrocé –cristal de humo–,
como solo los niños
saben romper el tiempo.

Y LLEGA YA LA LUZ DE
noviembre,
la luz que te hilvanara los cabellos
y los párpados, ya llega por tu cuerpo
con la proeza de la cercanía
y su respiración nunca enemiga,
siempre entregada, igual que tú, de otoño,
cereal que dejara por recuerdo
la granazón de tu alegría. Y siente
tanta emoción. Y muestra, bien descalza,
tu alma; échala a andar por los hayedos,
entre las jaras, hacia
la camisa de seda del otoño.

Porque hay verdad en los cañaverales,
en las manzanas, en
los alisos, hay verdad, y música,
y amistad junto al pulso
de la marea,
no partirán veleros ni recuerdos
bajo este cielo claro que te inventa
ya sin albatros, sin
corales de la duda, solo el ancla
de una granada por la boca,
la floración del paladar,
noviembre…

Y voy jugando con la respiración,
con el cendal de lirios del aliento,
del aire, y gira, gira,
rueda sin más en su sazón de otoño
y se trenza en la tarde olvidadiza
que da su nombre al tejo y a la encina,
en la escultura nueva de la aliaga,
hasta advertirme de que todo es fácil,
sencillo como varear la luz
y esperar la vendimia de tus labios.

Esta luz de noviembre eres tú misma.

ALZO MI MANO AHORA
para tocar el fruto y su armonía,
su corazón de luz hecho latido,
aprendizaje. Y en mis dedos,
como huella o renuncia,
afirmación o espera,
me deja, entreverándose,
el azahar por un instante mío
de sus hojas humildes, entregadas.
Era aquel fruto de los años
que pasaron sin mérito y sin pérdida,
el almíbar de lo que se termina
y no ha dejado rastro
de desconsuelo alguno.

¿Qué podemos decir sobre la piedra
o del nenúfar, qué
del pálpito de luz que alumbra el rostro,
qué de sus trazos bajo el agua cóncava?
No importan ya las pérdidas
en los hilos de espuma que atraviesan
la corriente…
¿De qué vale mi voz en sus entrañas?
¿De qué mis manos por su entera ausencia?
Ya todo lo perdido es lo ganado.
Todo rebosa paz en el silencio,
y el tiempo era como aquel nenúfar
y como él indescifrable.

CUÁNTA VERDAD HABITA
en el lento vacío de las hojas de chopo,
en la mirada esquiva de las golondrinas.

ESTE AROMA DE HALLAZGO PREMATURO
y aventura en la huella
de los días, me lleva,
me alza entre los tallos del recuerdo,
por encima de las enredaderas
y la flor del saúco. Y veo ahora,
sin la retama seca
de la nostalgia, aquellas viejas calles
por donde transcurría
mi juventud: el ventanal abierto,
la primera lluvia que traía
el olor del verano, y unos pocos
barandales poblados de jacintos
y tréboles. Allí
se esconde con temor la lagartija,
con temor por la infancia que enarbola
mi sonrisa inocente, nuestras manos
sin cicatriz, y corro hasta atraparla
con el desprecio alegre de los niños.

Siempre, cuando recuerdo, estamos todos.
Y es mañana de sábado, de suave
palpitación y vuelo de palomas,
de la naranja inédita, el mordisco.
Quizás hoy pueda derrochar el día,
hacer de toda luz un desperdicio,
vivir sin importarnos ya las pérdidas.
No serían morada
los recuerdos. Y solo quedarían
estas arquitecturas del instante
con que poblar tu vientre de azaleas.

HAY QUE NOMBRAR LA BRECHA,
ese espacio en la víspera del roce
entre la espuma y el acantilado;
nombrar el breve instante
en que el tallo quiere hacerse lirio,
luz o brisa o caricia,
y el olor a encina o a renuncia
por tantos años y tan pocos cuerpos
que se convoca entre mis cicatrices
hasta que el pensamiento
cubra toda la yerba con las briznas
de lo no sucedido.

LO INQUIETANTE DEL TIEMPO
es recordar lo menos importante
y dejar que persista vagamente
como relato de nuestra existencia;
que la vida retumbe
no por sus logros y esperanzas
y perduren aquel árbol o aquella
nube de un día apenas necesario,
que un olor nos asalte y que ignoremos
a qué cuerpo responde,
qué luz le pertenece.

ME AFANO EN DAR PALABRA A AQUELLOS ÁLAMOS
porque sé que de nada serviría.

AHORA TIENEN SENTIDO TANTAS COSAS.
La mañana que es vuelo de inocencia,
una espiga que pulsa
el aire nuevo de este nuevo día
y le enseña su cauta partitura,
y ese mirar tan tuyo hacia las hojas
del almendro, su pálpito de savia,
su cordaje de vida.
¿Cómo no te estremeces? ¿No lo notas?
Es la verdad que duele, confianza y
perdón, misericordia
en la escritura de la clorofila.
¿Cómo enseñarte? ¿Cuál es la palabra
que da sentido, piedra o ruiseñores;
qué forja, qué rescate
para la fundación, para el misterio
y la honda sonrisa del hallazgo?

NADA HOY VALE MÁS QUE ESTA MAÑANA
no tocada por la flor de un cuerpo.
Este viento entre los jaramagos
que deja atrás el mirto y la carcoma,
los entresijos de las calles
grises y sin balcones, la corteza
del plátano, el olor
del perejil o la verbena,
este viento que lo ocupara todo
con su vacío, su blancura,
casi una brisa nunca escrita,
un cielo no manchado
de nubes, este viento
sin nombre ni testigos,
sin ofrenda ni préstamo,
este viento de olvido es mi alegría.

SI PUDIERA DECIRTE SIN PALABRAS,
con el lenguaje verdadero
del peso de una hoja por el río
o en el vuelo del polen, del vilano;
decirte a manos llenas
en la sombra que dejan estas ramas,
por el trazado de la piel del roble
o en el vuelo temprano
de las abejas,

todo como conciencia de tu cuerpo,
gramática que explique tu cintura,
signos para una boca que es gorrión y zarza,
trepadora y sargazos.

INTERLUDIO

BROTES

I

Con la palabra pájaro perdimos
los pájaros.
Hoy que escribo tu cuerpo
acaso la inocencia sea recuperable,
acaso en el impulso de decirte
halle plumas y vuelo.

II

Voy a nombrar tus pasos
en la nieve, a darles
la justedad de un lirio,
de una abubilla, del
relámpago o de la rama encendida.
Decir, y recordarte. No se acabe
el repertorio de tus manos, la
bibliografía de tus gestos.

III

Los manzanos
mi eternidad, y el heno, y
las orquídeas
y que mi muerte ocupe el surco de los alhelíes,
la batalla del clavel y el viento.

IV

Quiero llenarte de significados.
Tocar tu pelo y nazca
de luz entre las buganvillas.
Tu piel. Alguna peca.
El milagro de una arruga
camino o cuenca o sándalo o propósito
de ala,
un muslo tuyo para los ruiseñores
y tu cintura en donde desdecirnos
de febrero y de todos sus inviernos.

V

No digas alga, lluvia,
porque perderás su arquitectura,
el pañuelo del agua. Espera.
Espera y tócalo,
conoce en su sigilo.
Todo quiere vibrar de ser comienzo.

VI

¿Perdurar a través
de las palabras? Tengo
las piedras y los sauces.
Te tengo a ti y la vulnerable espiga,
este rumor de niebla y
rododendros:
la epifanía de tus brazos.

VII

Te nombraré de anís o milenrama
y diré tus ojos con ninfeas
y tu pelo de oruga —o mariposa
cuando lo pulse el aire— y
leeré tu boca,
casi una hoja de nogal
traducida en la torsión del viento,
en salvia para decirte que no tardes,
que me esperes, pinar de duda, acanto
de la esperanza. Te diré de espuma
y nacerá tu nombre con las olas.

LIBRO IV

EL LIBRO DE LOS PÁJAROS

El colibrí, ahogándose en el agua,
no sabe —o no quiere decírnoslo—
que va a morir, hermoso, en el lenguaje
del chapoteo, y que hoy el río
es la mejor espada y su derrota.

El agua idea instantes, pronostica
dónde empieza la vida y dónde acaba.
no importa, ante una sola gota
todo lo que haya de morir por ella.
Ni el pájaro, ni tus ojos, ni la sed de los bueyes
hacen más música que la de un roquedo,
más temblor que el bronce o la salguera.
¿Amanece? También la luz es sangre.
Mira las venas del crepúsculo
cómo no luchan contra la corriente
y se vencen, se abaten,
desenredado el pelo de magnolias.

Ni tu palabra ni la mía.
El colibrí que muere nos enseña
todo lo hermoso de su vuelo.
Si el aire fuera agua
también chapotearía entre las nubes,
junto a los árboles, muy cerca
de la verdad de su destino:
decir, decir la vida.

MUERTE DE UN PÁJARO

Y no dejes escapar la vida,
tu vida, que está latiendo en las acacias,
entre la higuera y por
el sauce lento, rauda, hasta la rama
más arriba de las enredaderas,
más, y casi arrastra
en sí la arena, el barro
íntimo de los zapatos,
el andar que te lleva y va y no vuelve,
no vuelve, un aleteo de jilguero,
la torsión que se esculpe
en un salto de cataratas, en
el perfil de la lluvia. Poco sirve
vivir si no se vive
a manos llenas, si no se inventa el ébano.
Me dejarán tus dedos saltamontes
de caricias, yerba desusada
de tu pelo encrespado
                              y vive, vive:
el desafío está en las hojas,
entre nosotros.

                    Vive
como yo en ti y en tu alegría;
si solo sé del agua de tu boca,
del inventario de tu risa:
                              jade,
dunas, arpegio, cumbre,
ónice de tus ojos en corceles
a la carrera, el
acontecer de humo de tus labios,
fuego de ti, cómplice de los azores,
de los corales,
                    de
la primera grieta de la luz del día.

                              EL DESAFÍO

Y de tus manos una alondra
vuela y canta la verdad calcinada
en los rescoldos aún calientes
del fuego;
el desgarro de tanta luz nombrándote,
su semilla que cumple
sin esquinas y sin tejados tanta
pureza por las cosas,
que da al recuerdo, no nostalgia,
sino su diapasón de cercanía,
la música del tacto
sin rasguños,
sin el anzuelo emponzoñado
de lo que una vez hubo sido hermoso.
¿Es que el tiempo tejerá, traicionero,
y con el mismo hilo de derrota
el cereal o el bálago,
la culpa o el perdón,
el oleaje y sus espumas?
¿Dará lo mismo en estas cenizas
si el fuego calentó unas manos humildes
o destruyó los pastos y los árboles?
No se distingue en los rescoldos
si fueron flores de amaranto
o mala yerba. Ahora
solo nos queda contemplar el fuego,
el exilio del humo y la madera,
la levedad de un mundo equivocado
en el dibujo de estas llamaradas.

ALONDRA Y LLAMARADA

FINAL

JARAMAGO

Es la muerte posible en esta ala de libélula,
en la cadera de la espiga, de tan frágil
como nace, de tan sincero como es el latido
de la hormiga, en el relato
que aún oigo, este de los cipreses,
aquel del río, aquel
otro de las estrellas o del berro.
Mis manos solo yerba
y mis gestos el viento,
y nuestra voz el trébol despuntando
en lucha con la escarcha.

Acaso hemos llegado al mismo árbol,
a su ramaje, hasta
su madera sin liquen,
a la raíz que es tuya y mía,
que es el cultivo para nuestra búsqueda.
Vivir, pero siempre con la fragua
de la verdad, la enredadera de tu cuerpo.
Tu cuerpo en que leer todos los libros,
donde vale la pena
nacer o quebrantar un cuello de gacela.
Tú, cosecha de lo eterno,
el oleaje vivo que se impacientara
por firmar en la roca y en la brisa.
Tú como flor sin límites o como
fruta recién traída hasta la boca.

Y los peces se llevan el brillo de tu pelo.
Los ánades te copian la mirada,
el caminar, tu verde sencillez…
Las nubes sueñan ir en tus nudillos.
Sobran juncos que quieran ser tus dedos.
Tú me salvas. Naces de las piedras
y como el jaramago le das vida
a la grieta que soy, a este
tejado sin palomas. Ven, y quédate,
amor, en mi camino,
en esta frágil ala de libélula
donde el tiempo no acaba todavía.

ALBADA DEL TOBILLO

Desde el talón te sube
un amanecer de lirios, de tréboles muy cerca
de mis dedos ágiles como gaviotas;
la albada del tobillo
y tus pasos ahí, a medio vuelo,
y te sigo y ya nunca
estarás sola.

Qué inocencia va desde el empeine
hasta el primer asomo
del vello casi pájaros o nubes,
este andar que quiere ser arroyo,
puro nacer de luz, la piel bravía
que asciende toda de cerezas,
ahí, en la pantorrilla
como un cielo cercano.

Y desde el mediodía
de la rodilla, de tan desnuda como el agua
que se dobla y que vibra y
abre el cauce verdadero de tu paso,
allí se alza el día
fugitivo, pero pleno entre mis manos,
cierto cuando tu muslo es el atardecer.

Míralo, como si fuera un cielo limpio.
Qué pájaros volarán en él.
Y ver la luz en ti,
la nube del lunar
como quien mira el fuego y quiere darle nombre
a lo que ve, su variación, su música,
alfabeto para un aleteo,
para la flor temprana y su fulgor de aceite.
Y acabará la tarde
ya pétalos porosos
de tu muslo, la ingle casi noche,
alondra oscura.
Acabará la tarde hacia tu cuerpo.

MODELAJE DE UN CUERPO

Hay que dar forma al día
como le damos forma a un cuerpo amado.
Quizá este brillo macilento
con que la luz, muy húmeda, reclama
la gama ocre y sucia
de las tejas, y llega hasta las copas
últimas del almendro, curiosea
en las cosas, en los soportales,
entre las verjas, busca
por la blancura de tus calcetines
o en tus cabellos a la desbandada…

Quizá nos deje hoy, bajo la cúpula
de mi tacto redentor y frágil
la vestidura efímera de un lunes,
un haz de alas que se destruiría
con apenas un guiño,
un soplido o caricia inapreciable.

¿Qué se ama de un cuerpo?
¿Amamos esa búsqueda
que une y que separa a un mismo tiempo?
¿Amamos esos días que se escriben
en el ombligo tuyo, tan pequeño,
donde retumba el vuelo de los cisnes?
Y llega ya la duda de decirte,
de amanecer contigo tras la lucha,
tras el desgarro y la caricia.

Porque esa forma que me muestra
tu cuerpo, tu cintura de alhelíes,
es la forma de un lunes necesario,
la arquitectura de una tarde a coro
con esta luz de octubre,
con la certeza de la espuma,
con el deseo con que te susurro
al oído, más bajo, hasta que sientas
la promesa que oculta
el fiel latido de mi aliento:

hoy tan solo era lunes.
Prepárate; mañana será martes.
Modelaremos juntos cada día.